AF219260

Impressum
Verlag: BABADADA GmbH, Nedderfeld 112 , 22529 Hamburg
Geschäftsführer / Verlagsleitung: Harald Hof
Druck: Books on Demand GmbH, In de Tarpen 42, 22848 Norderstedt

Imprint
Publisher: BABADADA GmbH, Nedderfeld 112 , 22529 Hamburg, Germany
Managing Director / Publishing direction: Harald Hof
Print: Books on Demand GmbH, In de Tarpen 42, 22848 Norderstedt

el colegio

школа

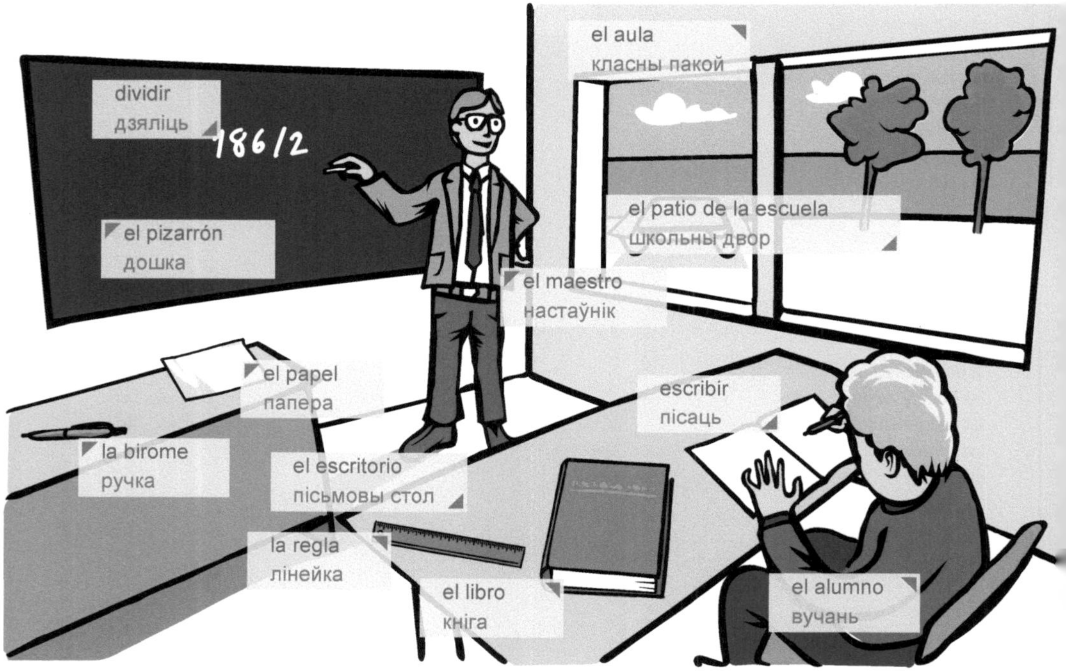
el aula
класны пакой
dividir
дзяліць
186/2
el pizarrón
дошка
el patio de la escuela
школьны двор
el maestro
настаўнік
el papel
папера
escribir
пісаць
la birome
ручка
el escritorio
пісьмовы стол
la regla
лінейка
el libro
кніга
el alumno
вучань

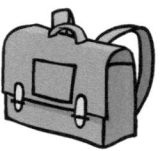

la mochila

ранец

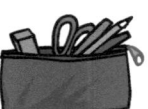

la caja de lápices

пенал

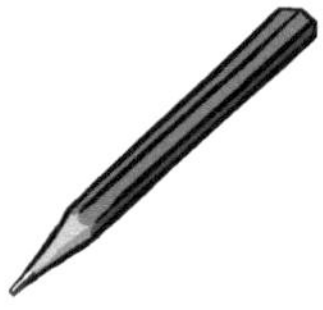

el lápiz

просты аловак

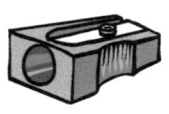

el sacapuntas

тачылка для алоўкаў

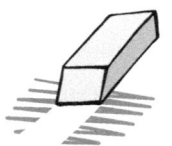

la goma (de borrar)

гумка

el bloc de dibujo

альбом для малявання

el dibujo

малюнак

el pincel

пэндзлік

la caja de pinturas

фарбы

la tijera

нажніцы

el pegamento

клей

el cuaderno de ejercicios

сшытак

la tarea

хатняе заданне

el número

лік

sumar

дадаваць

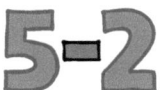

restar

адымаць

multiplicar

множыць

calcular

лічыць

la letra

літара

el abecedario

алфавіт

la palabra

слова

el texto

тэкст

leer

чытаць

la tiza

крэйда

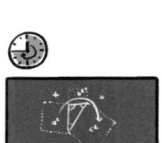

la lección

ўрок

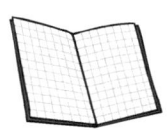

el cuaderno de clase

класны журнал

el examen

экзамен

el certificado

атэстат

el uniforme escolar

школьная форма

la educación

адукацыя

la enciclopedia

энцыклапедыя

la universidad

універсітэт

el microscopio

мікраскоп

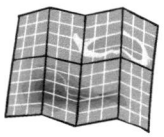

el mapa

карта

el tacho (de basura)

смеццевы кошык

el viaje
падарожжа

el hotel
гатэль
Grand
el hostel
хостэл
ROOMS
EXCHANGE
la casa de cambio
абменны пункт
la valija
чамадан
el auto
аўтамабіль

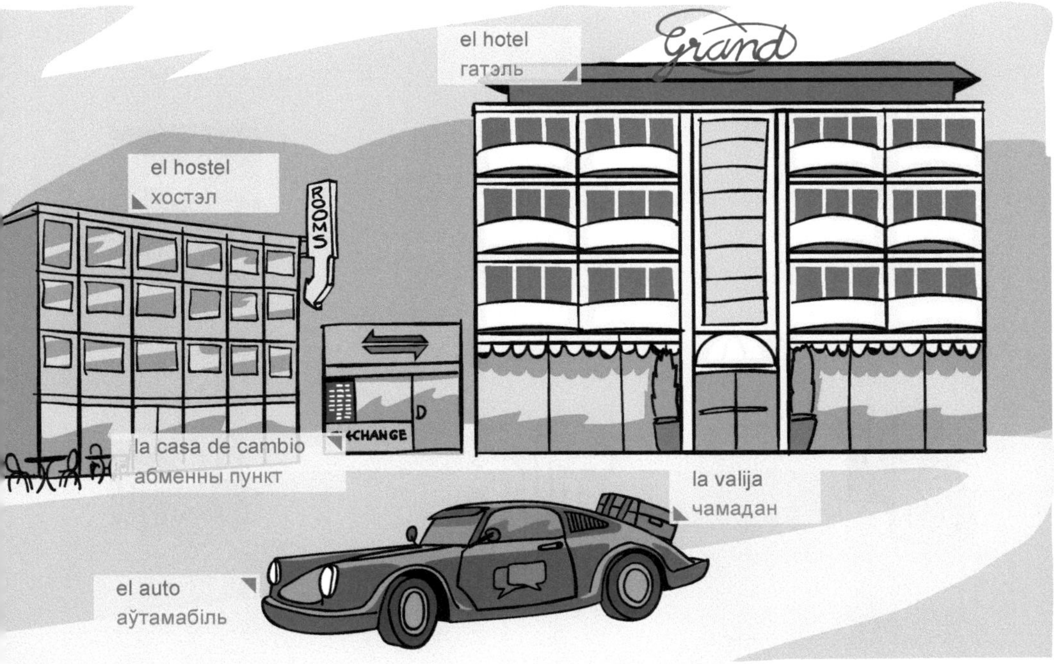

el idioma

мова

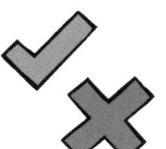

sí / no

так / не

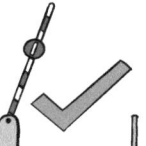

Está bien

добра

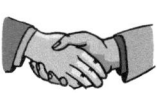

hola

прывітанне!

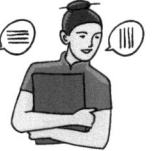

el traductor

перакладчык

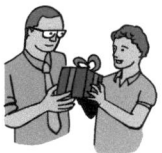

Gracias

дзякуй

¿cuánto cuesta…?

Колькі каштуе….?

No entiendo

я не разумею

el problema

праблема

¡Buenas tardes!

Добры вечар!

¡Buenos días!

Добрай раніцы!

¡Buenas noches!

Дабранач!

el adiós

да пабачэння

la dirección

кірунак

el equipaje

багаж

el bolso

сумка

la mochila

заплечнік

el invitado

госць

la habitación

пакой

la bolsa de dormir

спальны мяшок

la carpa

палатка

la información turística

інфармацыя для турыстаў

la playa

пляж

la tarjeta de crédito

крэдытная картка

el desayuno

снеданне

el almuerzo

абед

la cena

вячэра

el pasaje

праязны білет

el ascensor

ліфт

el sello

паштовая марка

la frontera

мяжа

la aduana

мытня

la embajada

пасольства

la visa

віза

el pasaporte

пашпарт

el transporte

транспарт

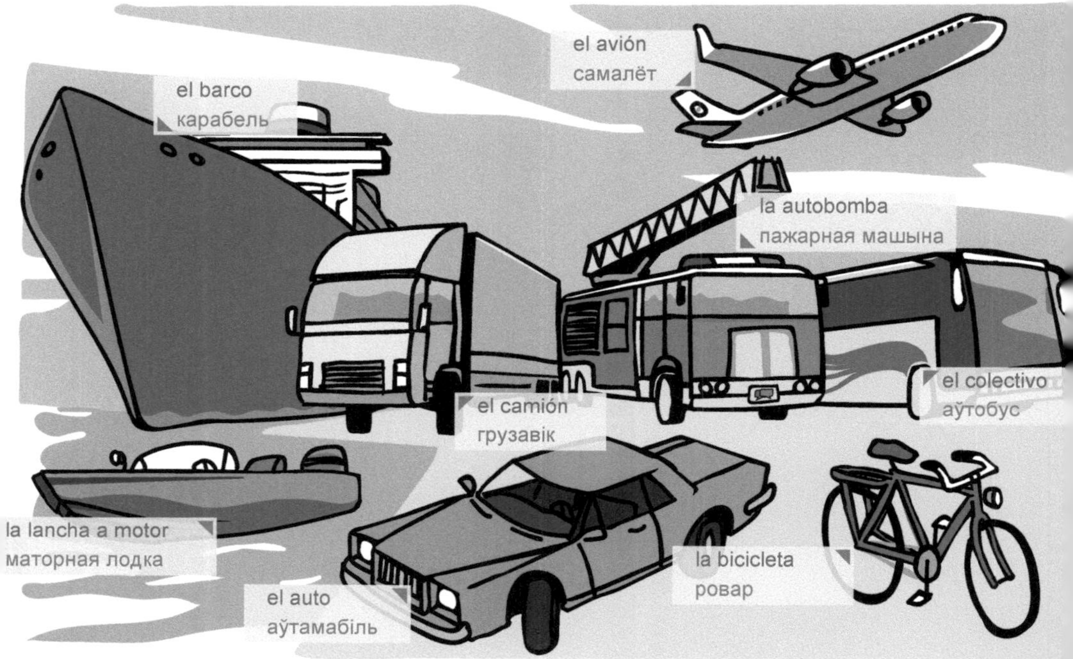
el avión
самалёт
el barco
карабель
la autobomba
пажарная машына
el colectivo
аўтобус
el camión
грузавік
la lancha a motor
маторная лодка
la bicicleta
ровар
el auto
аўтамабіль

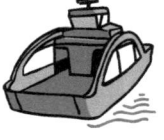

el ferry

паром

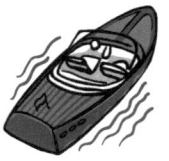

el bote

лодка

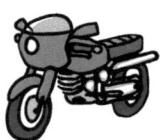

la moto

матацыкл

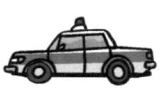

el patrullero

паліцэйская машына

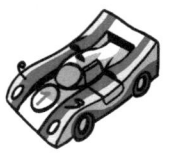

el auto de carreras

гоначны аўтамабіль

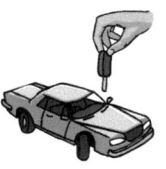

el auto de alquiler

арэндаваны аўтамабіль

el alquiler de autos

сумеснае карыстанне аўтамабілем

la grúa

эвакуатар

el camión de la basura

смеццявоз

el motor

матор

la nafta

паліва

la estación de servicio

запраўка

la señal de tránsito

дарожны знак

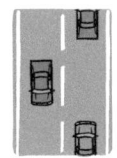

el tránsito

дарожны рух

el embotellamiento

затор

el estacionamiento

паркоўка

la estación de tren

чыгуначная станцыя

las vías

рэйкі

el tren

цягнік

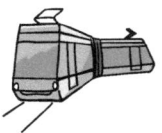

el tranvía

трамвай

el vagón

вагон

el helicóptero

верталёт

el aeropuerto

аэрапорт

la torre

вежа

el pasajero

пасажыр

el contenedor

кантэйнер

la caja de cartón

кардонная скрыня

la carretilla

тачка

la canasta

карзіна

despegar / aterrizar

ўзлятаць / прызямляцца

la ciudad

горад

el pueblo

вёска

el centro de la ciudad

цэнтр горада

la casa

дом

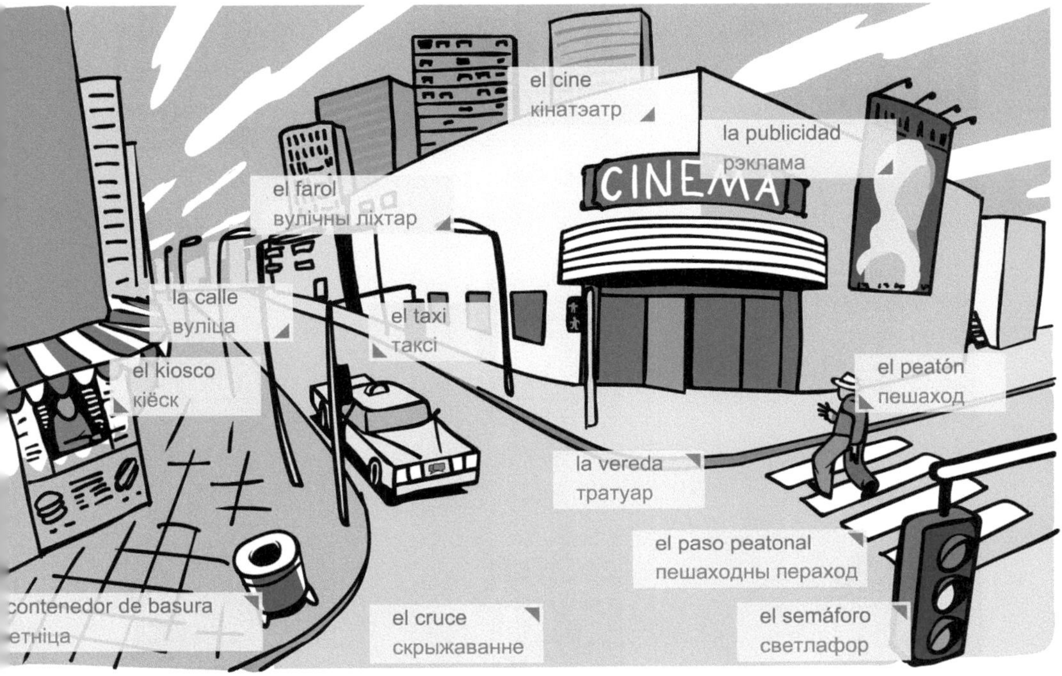

el cine
кінатэатр

la publicidad
рэклама

el farol
вулічны ліхтар

la calle
вуліца

el taxi
таксі

CINEMA

el kiosco
кіёск

el peatón
пешаход

la vereda
тратуар

el paso peatonal
пешаходны пераход

contenedor de basura
 етніца

el cruce
скрыжаванне

el semáforo
светлафор

la cabaña

халупа

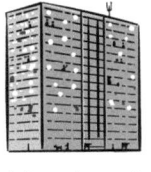

el departamento

кватэра

la estación de tren

чыгуначная станцыя

la municipalidad

ратуша

el museo

музей

el colegio

школа

la universidad

універсітэт

el banco

банк

el hospital

шпіталь

el hotel

гатэль

la farmacia

аптэка

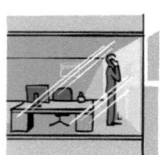

la oficina

офіс

la librería

кнігарня

el negocio

крама

la florería

кветкавая крама

el supermercado

супермаркет

el mercado

кірмаш

las grandes tiendas

універмаг

la pescadería

рыбная крама

el centro comercial

гандлевы цэнтр

el puerto

порт

el parque

парк

el banco

лава

el puente

мост

las escaleras

лесвіца

el subte

метро

el túnel

тунэль

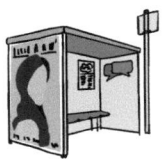

la parada del colectivo

прыпынак

el bar

бар

el restaurante

рэстаран

el buzón

паштовая скрыня

el letrero

вулічны паказальнік

el parquímetro

паркамат

el zoológico

заапарк

la pileta

басейн

la mezquita

мячэць

la ciudad - горад

la granja

сядзіба

la contaminación

забруджванне
навакольнага асяроддзя

el cementerio

могілкі

la iglesia

царква

los juegos infantiles

пляцоўка для гульні

el templo

храм

el paisaje

краявід

la hoja
ліст

el poste indicador
паказальнік

el camino
дарога

la pradera
луг

la piedra
камень

el árbol
дрэва

el excursionista
падарожнік

el río
рака

la hierba
трава

la flor
кветка

el valle

даліна

la montaña

гара

el lago

возера

el bosque

лес

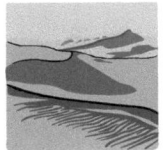

el desierto

пустыня

el volcán

вулкан

el castillo

замак

el arco iris

вясёлка

el champiñón

грыб

la palmera

пальма

el mosquito

камар

la mosca

муха

la hormiga

мурашка

la abeja

пчала

la araña

павук

el escarabajo

жук

la rana

жаба

la ardilla

вавёрка

el erizo

вожык

la liebre

заяц

la lechuza

сава

el pájaro

птушка

el cisne

лебедзь

el jabalí

дзік

el ciervo

алень

el alce

лось

la presa

плаціна

el aerogenerador

вятрак

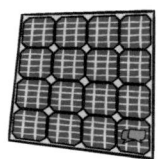

el panel solar

сонечная батарэя

el clima

клімат

el restaurante

рэстаран

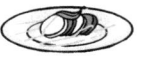

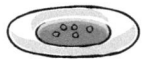

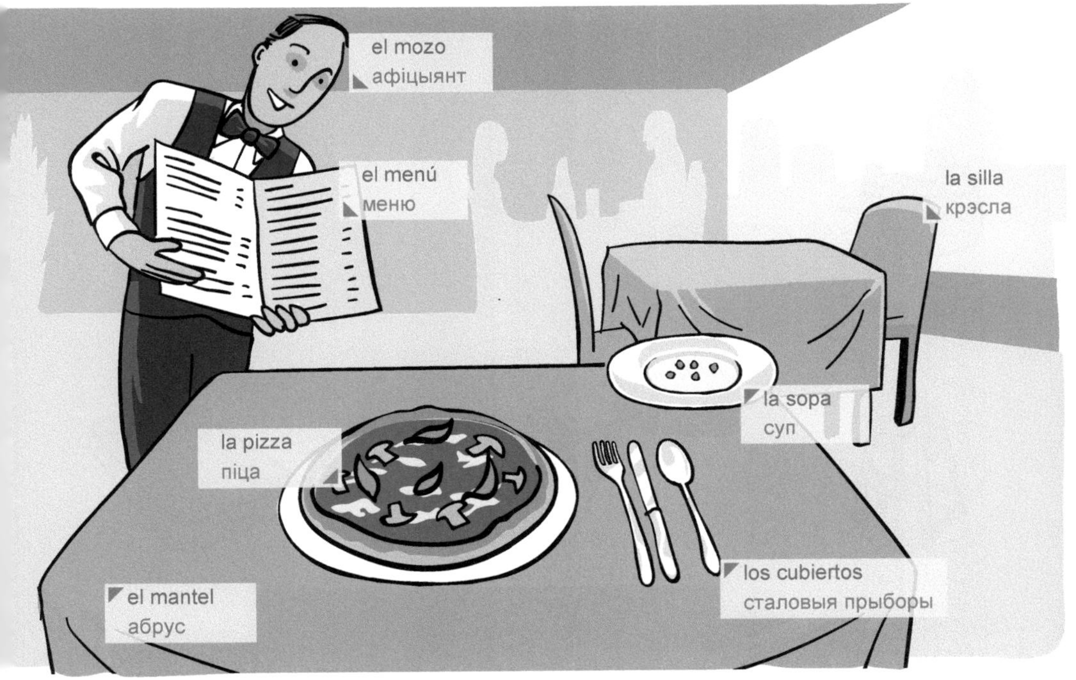

el mozo
афіцыянт
el menú
меню
la silla
крэсла
la sopa
суп
la pizza
піца
los cubiertos
сталовыя прыборы
el mantel
абрус

la entrada

закуска

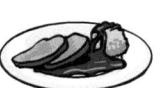

el plato principal

другая страва

el postre

дэсерт

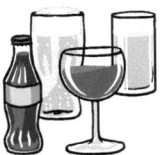

las bebidas

напоі

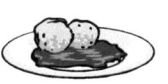

la comida

ежа

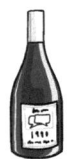

la botella

бутэлька

la comida rápida

хуткае харчаванне (фаст-фуд)

la comida callejera

стрыт-фуд

la tetera

імбрык (чайнік)

la azucarera

цукарніца

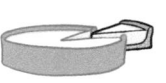

la porción

порцыя

la cafetera expreso

эспрэса-машына

la sillita alta

дзіцячае крэселка

la cuenta

рахунак

la bandeja

паднос

el cuchillo

нож

el tenedor

відэлец

la cuchara

лыжка

la cucharita

чайная лыжка

la servilleta

сурвэтка

el vaso

шклянка

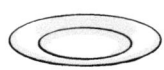

el plato

талерка

el plato hondo

супавая талерка

el plato

сподак

la salsa

соус

el salero

сальніца

el molinillo de pimienta

млынок для перцу

el vinagre

воцат

el aceite

алей

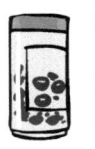

las especias

спецыі

el kétchup

кетчуп

la mostaza

гарчыца

la mayonesa

маянэз

el supermercado
супермаркет

la oferta especial
акцыя
FOR
el cliente
пакупнік
los lácteos
малочныя прадукты
la fruta
садавіна
el changuito
вазок

BUTCHERS

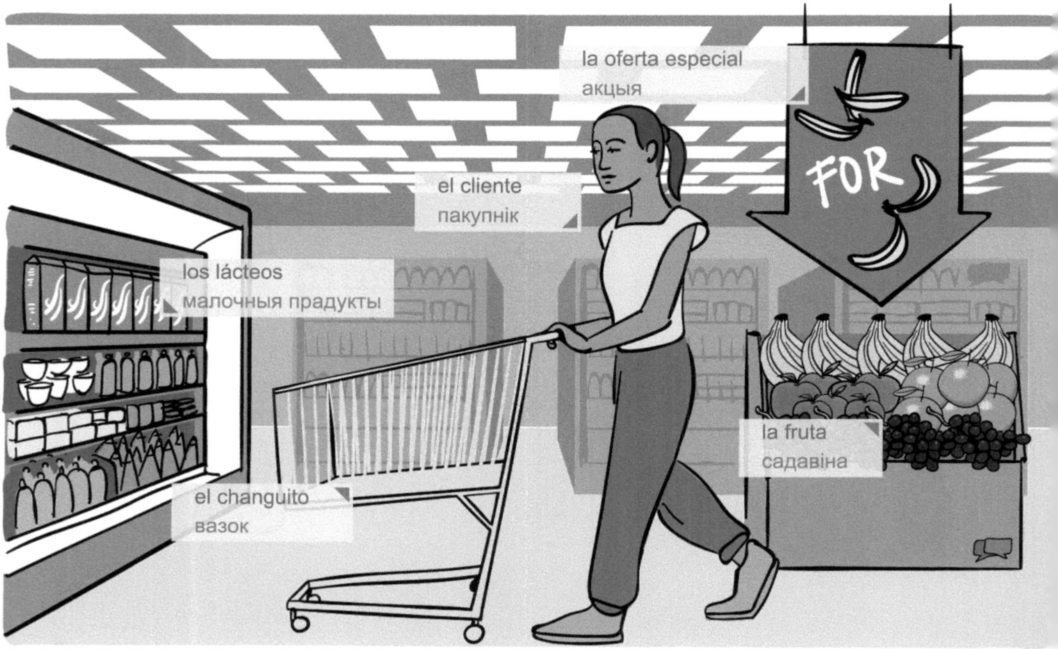

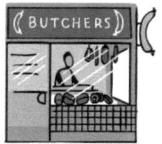

la carnicería

мясная крама

BAKERY

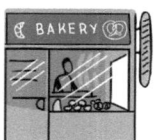

la panadería

хлебны магазін

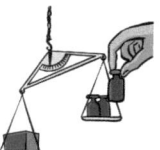

pesar

важыць

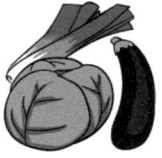

las verduras

гароднiна

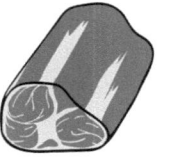

la carne

мяса

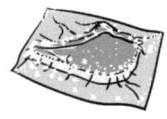

los alimentos congelados

свежазамарожаныя прадукты

los fiambres

нарэзка

los alimentos enlatados

кансервы

el detergente en polvo

пральны парашок

las golosinas

прысмакі

los electrodomésticos

хатнія прылады

los productos de limpieza

чысцячы сродак

la vendedora

прадавец

la caja

каса

el cajero

касір

la lista de compras

спіс пакупак

el horario de atención

гадзіны працы

la billetera

бумажнік

la tarjeta de crédito

крэдытная картка

la cartera

сумка

la bolsa de plástico

пакет

el supermercado - супермаркет

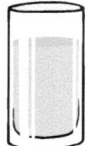

el agua

вада

el jugo

сок

la leche

малако

la bebida cola

кола

el vino

віно

la cerveza

піва

el alcohol

алкаголь

el cacao

какава

el té

гарбата (чай)

el café

кава

el café expreso

эспрэса

el cappuccino

капучына

la banana

банан

la manzana

яблык

la naranja

апельсін

el melón

дыня

el limón

лімон

la zanahoria

морква

el ajo

часнок

el bambú

бамбук

la cebolla

цыбуля

el champiñón

грыб

las nueces

арэхі

los fideos

локшына

los tallarines

спагеці

el arroz

рыс

la ensalada

салата

las papas fritas

бульба фры

las papas fritas

смажаная бульба

la pizza

піца

la hamburguesa

гамбургер

el sándwich

бутэрброд

el churrasco

шніцаль

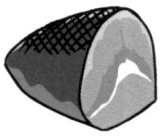

el jamón

вяндліна

el salame

салямі

la salchicha

каўбаса

el pollo

курыца

el asado

смажаніна

el pescado

рыбак

los copos de avena

аўсяныя камякі

el muesli

мюслі

los copos de maíz

кукурузныя шматкі

la harina

мука

la medialuna

круасан

el pancito

булачка

el pan

хлеб

la tostada

тост

las galletitas

пячэнне

la manteca

масла

la cuajada

тварог

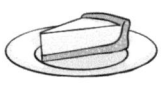

la torta

пірог

el huevo

яйка

el huevo frito

яечня

el queso

сыр

el helado

марожанае

el azúcar

цукар

la miel

мёд

la mermelada

варэнне

la pasta de chocolate

нуга

el curry

кары

la granja
сядзіба

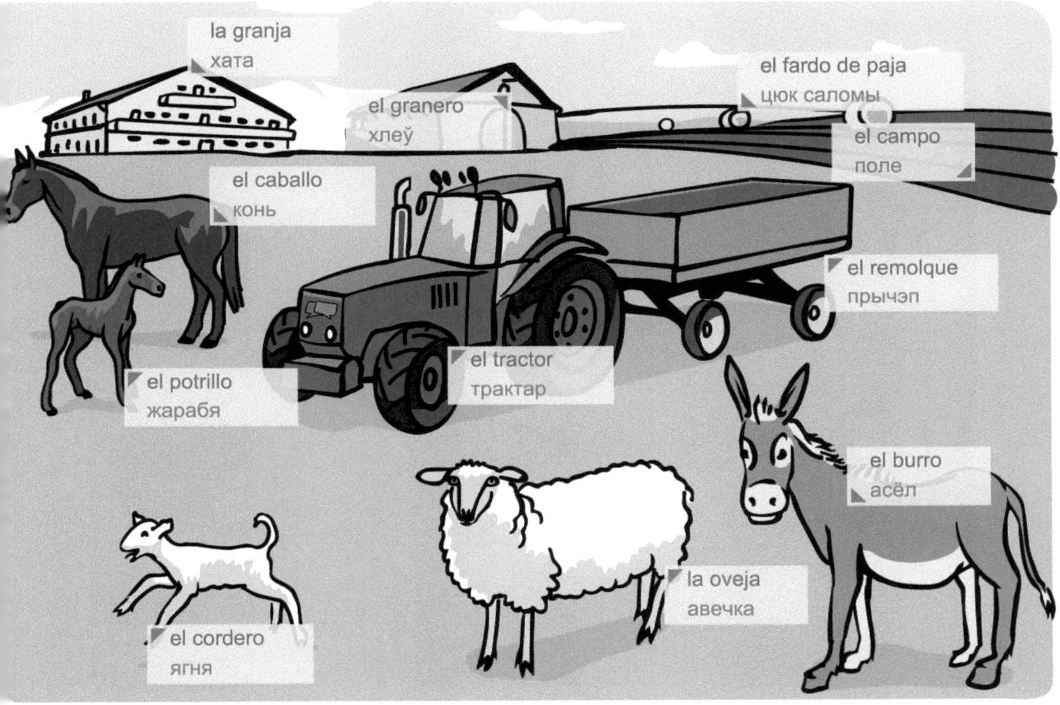
la granja
хата
el granero
хлеў
el fardo de paja
цюк саломы
el campo
поле
el caballo
конь
el remolque
прычэп
el tractor
трактар
el potrillo
жарабя
el burro
асёл
la oveja
авечка
el cordero
ягня

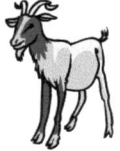

la cabra
каза

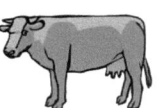

la vaca
карова

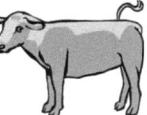

el ternero
цяля

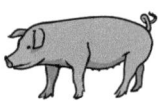

el cerdo
свіння

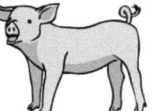

el lechón
парася

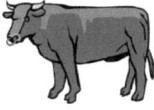

el toro
бык

el ganso

гусак

el pato

качка

el pollo

кураня

la gallina

курыца

el gallo

певень

la rata

пацук

el gato

кот

el ratón

мыш

el buey

вол

el perro

сабака

la cucha

сабачая будка

la manguera

садовы шланг

la regadera

палівачка

la guadaña

каса

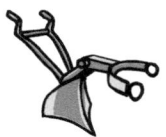

el arado

плуг

la hoz

серп

la azada

матыка

la horquilla

вілы для гною

el hacha

сякера

la carretilla

тачка

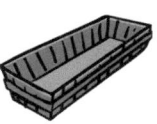

el abrevadero

карыта

la lechera

бітон для малака

la bolsa

мех

la reja

плот

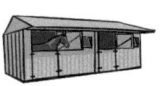

el establo

хлеў

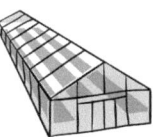

el invernadero

цяпліца

el suelo

глеба

la semilla

насенне

el fertilizador

угнаенне

la cosechadora

камбайн

cosechar

збіраць ураджай

la cosecha

ураджай

las batatas

ямс

el trigo

пшаніца

la soja

соя

la papa

бульба

el maíz

кукуруза

la semilla de colza

рапс

el árbol frutal

садовае дрэва

la mandioca

маніёк

los cereales

збожжа

la casa
дом

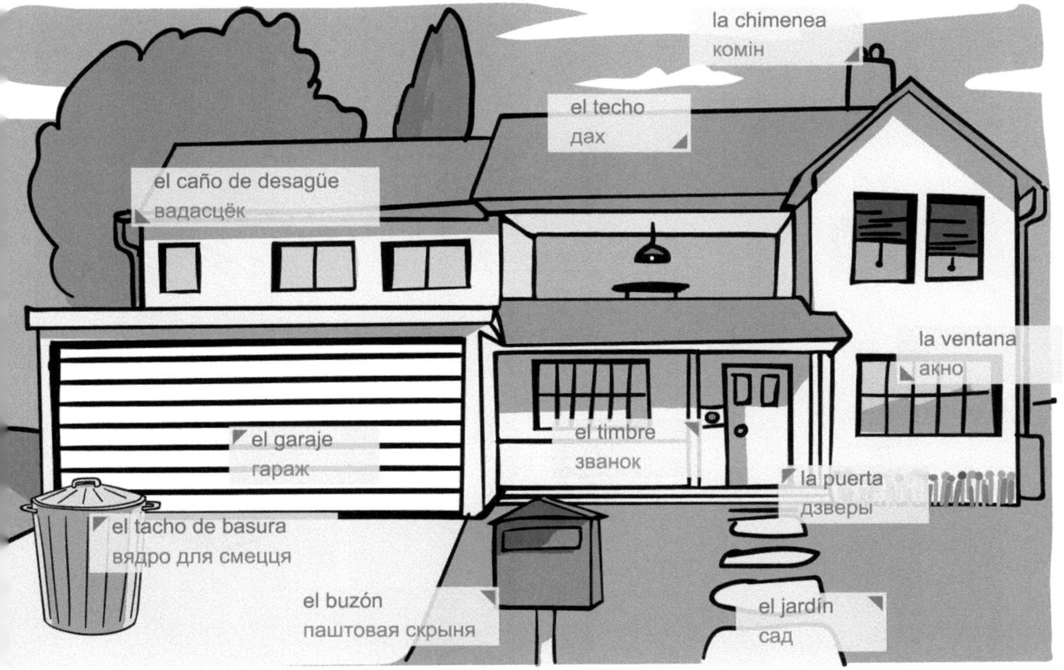
la chimenea
комін
el techo
дах
el caño de desagüe
вадасцёк
la ventana
акно
el garaje
гараж
el timbre
званок
la puerta
дзверы
el tacho de basura
вядро для смецця
el buzón
паштовая скрыня
el jardín
сад

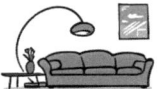

el living
жылы пакой

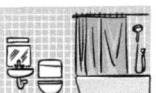

el baño
ванная

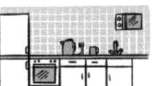

la cocina
кухня

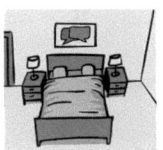

el dormitorio
спальны пакой

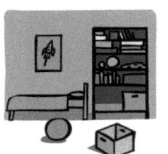

el cuarto de los chicos
дзіцячы пакой

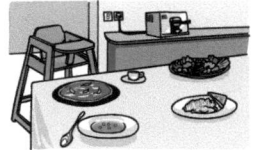

el comedor
сталоўка

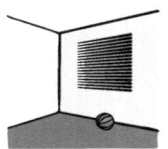

el piso

падлога

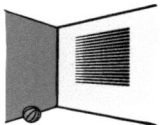

la pared

сцяна

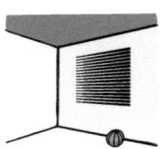

el cielorraso

столь

el sótano

падвал

el sauna

саўна

el balcón

балкон

la terraza

тэраса

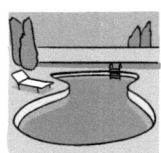

la pileta

басейн

la cortadora de pasto

касілка

la sábana

падкоўдранік

el acolchado

коўдра

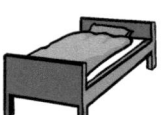

la cama

ложак

la escoba

венік

el balde

вядро

el interruptor

выключальнік

el living

жылы пакой

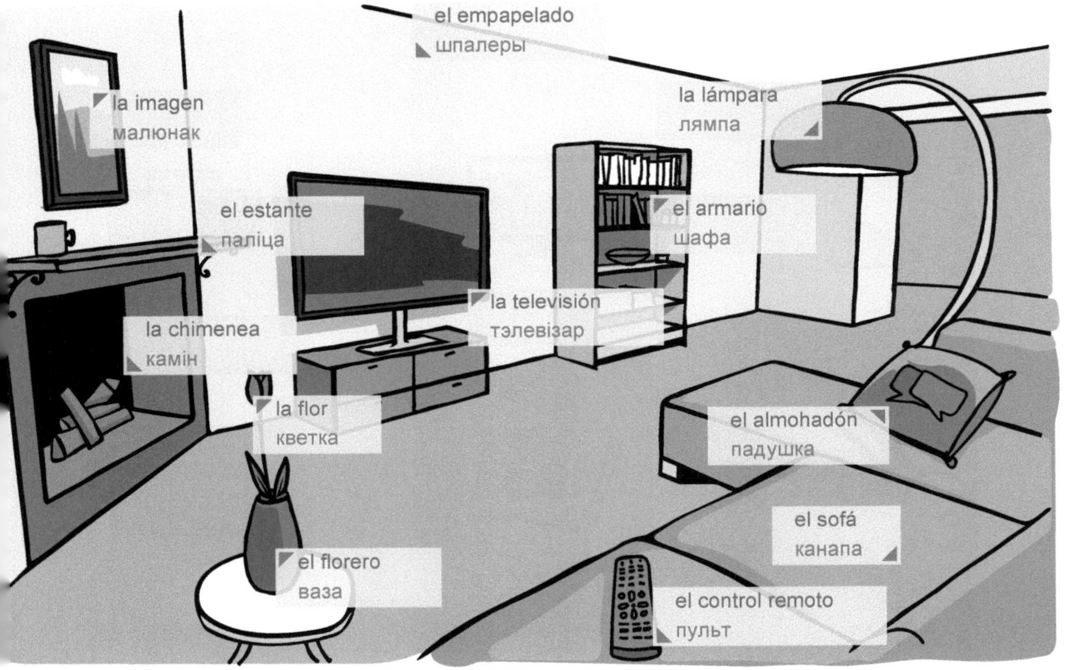
el empapelado
шпалеры
la imagen
малюнак
la lámpara
лямпа
el estante
паліца
el armario
шафа
la televisión
тэлевізар
la chimenea
камін
la flor
кветка
el almohadón
падушка
el sofá
канапа
el florero
ваза
el control remoto
пульт

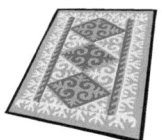

la alfombra

дыван

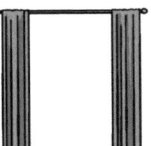

la cortina

фіранка

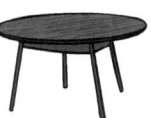

la mesa

стол

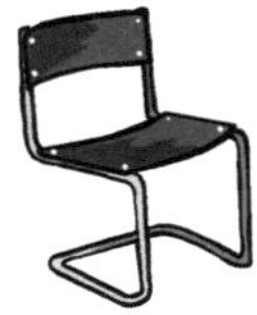

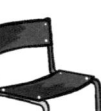

la silla

крэсла

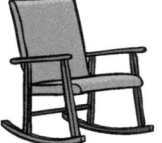

la mecedora

крэсла-качалка

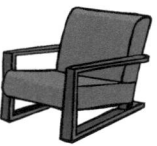

el sillón

крэсла

el libro

кніга

la frazada

коўдра

la decoración

дэкарацыя

la leña

дровы

la película

кіно

el equipo de música

стэрэасістэма

la llave

ключ

el diario

газета

la pintura

карціна

el póster

постар

la radio

радыё

el cuaderno

нататнік

la aspiradora

пыласос

el cactus

кактус

la vela

свечка

la cocina
кухня

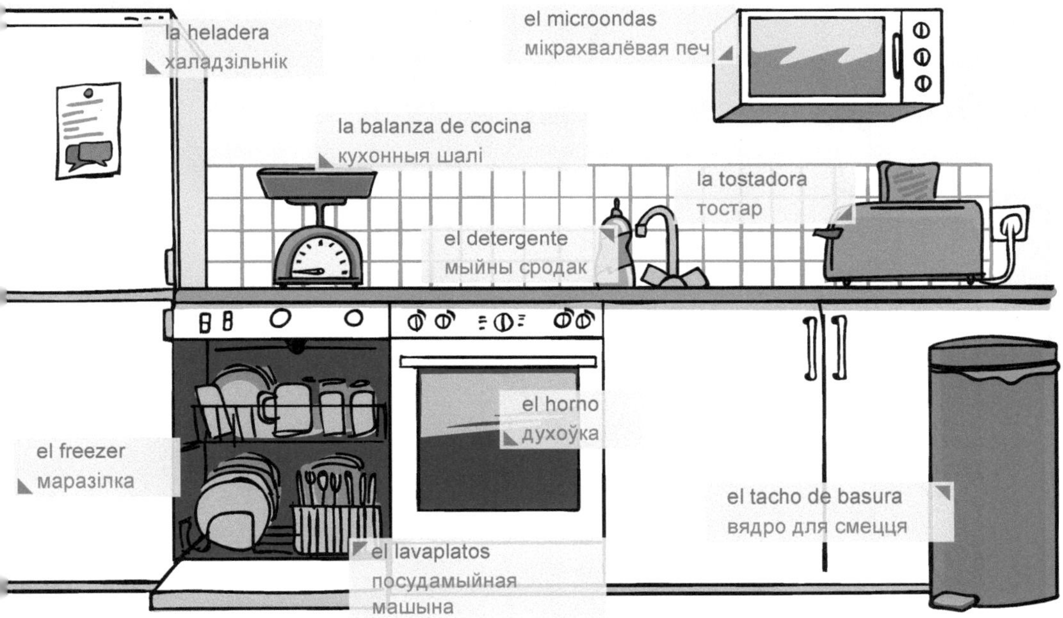

la heladera
халадзільнік
el microondas
мікрахвалёвая печ
la balanza de cocina
кухонныя шалі
la tostadora
тостар
el detergente
мыйны сродак
el horno
духоўка
el freezer
маразілка
el tacho de basura
вядро для смецця
el lavaplatos
посудамыйная
машына

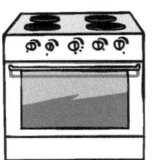

la cocina
пліта

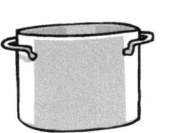

la olla
рондаль

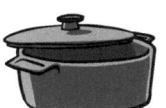

la olla de hierro fundido
чыгунок

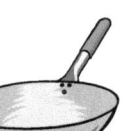

el wok
Вок / кадаі

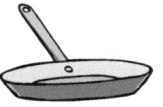

la sartén
патэльня

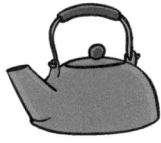

la pava
чайнік

la vaporera

параварка

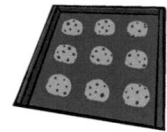

la bandeja de horno

бляха

la vajilla

посуд

la taza

кубак

el bol

міска

los palitos

палачкі для ежы

el cucharón

чарпак

la espátula

лапатачка

la batidora

збівалка

el colador

сіта для варэння

el colador

сіта

el rallador

тарка

el mortero

ступка

la parrilla

грыль

la fogata

вогнішча

la tabla de picar

дошка

el palo de amasar

качалка

el sacacorchos

штопар

la lata

бляшанка

el abrelatas

адкрывалка

la manopla

прыхваткі

la pileta

ракавіна

el cepillo

шчотка

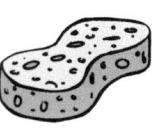

la esponja

губка

la batidora

міксер

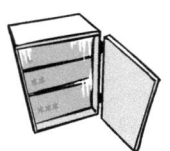

el congelador

маразільная камера

la mamadera

бутэлечка

la canilla

вадаправодны кран

la cocina - кухня

el baño

ванная

la calefacción
ручніковы сушыцель

la ducha
душ

la toalla
ручнік

la cortina de la ducha
штора для душа

el baño de espuma
пенная ванна

la bañadera
ванна

el lavarropas
мыйная машына

el vaso
шклянка

la canilla
вадаправодны кран

las baldosas
плітка

la pelela
начны гаршчок

la pileta
ракавіна

el inodoro

туалет

la letrina

падлогавы ўнітаз

el bidé

бідэ

el mingitorio

пісуар

el papel higiénico

туалетная папера

el cepillo para el inodoro

шчотка для чысткі ўнітаза

el cepillo de dientes

зубная шчотка

el dentífrico

зубная паста

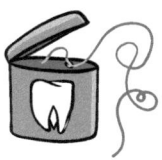

el hilo dental

зубная нітка

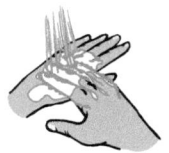

lavar

мыць

la ducha de mano

ручны душ

la ducha higiénica

інтымны душ

la palangana

умывальнік

el cepillo para la espalda

шчотка для спіны

el jabón

мыла

el gel de ducha

гель для душа

el shampoo

шампунь

la toallita

вяхотка

el desagüe

вадасцёк

la crema

крэм

el desodorante

дэзадарант

el espejo

люстэрка

el espejito

касметычнае люстэрка

la maquinita de afeitar

станок для галення

la espuma de afeitar

пена для галення

el aftershave

ласьён пасля галення

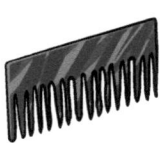

el peine

грэбень

el cepillo

шчотка

el secador de pelo

фен

el spray

лак для валасоў

el maquillaje

касметыка

el lápiz de labios

памада

el esmalte para uñas

лак для пазногцяў

el algodón

вата

la tijera para uñas

манікюрныя нажніцы

el perfume

духі

el portacosméticos

касметычка

la banqueta

табурэтка

la balanza

вагі

la bata

лазневы халат

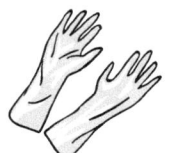

los guantes de goma

санітарныя пальчаткі

el tampón

тампон

la toallita femenina

гігіенічныя пракладкі

el baño químico

біятуалет

el baño - ванная

el cuarto de los chicos

дзіцячы пакой

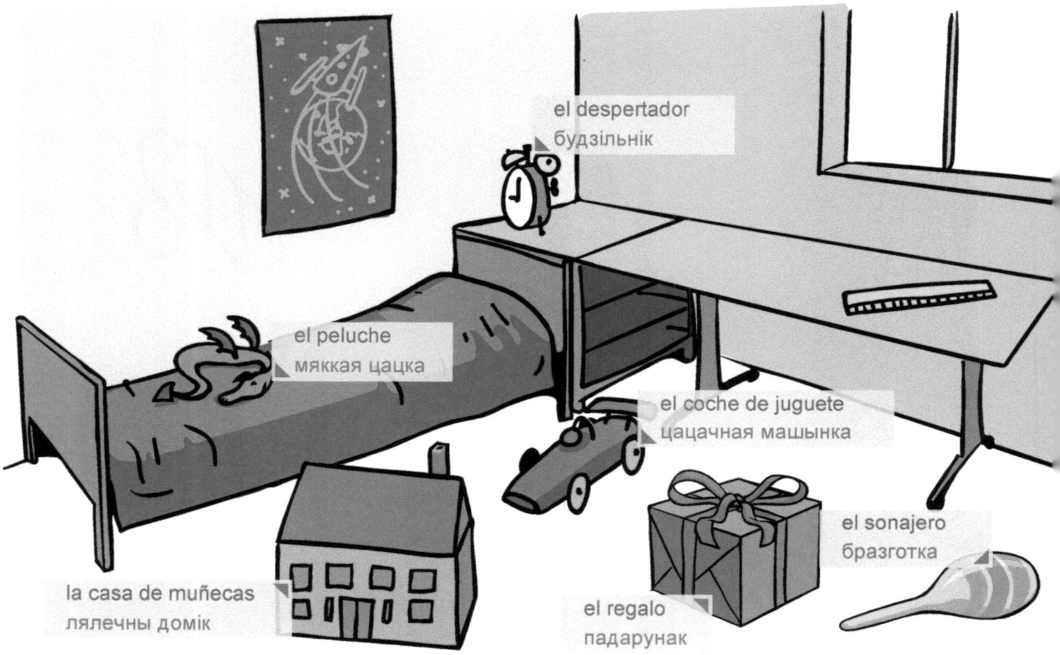

el despertador
будзільнік
el peluche
мяккая цацка
el coche de juguete
цацачная машынка
el sonajero
бразготка
la casa de muñecas
лялечны домік
el regalo
падарунак

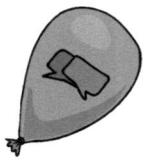

el globo

надзіманы шарык

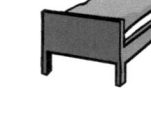

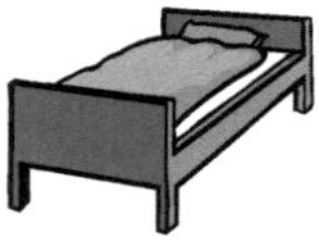

la cama

ложак

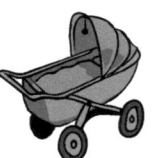

el cochecito

дзіцячая каляска

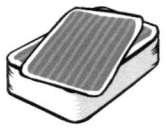

las cartas

калода картаў

el rompecabezas

пазл

SUPER MEGA

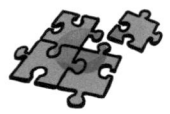

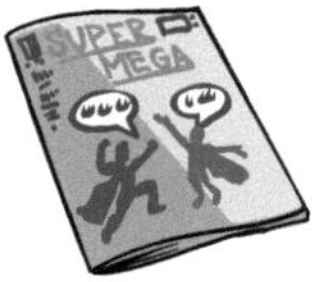

la historieta

комікс

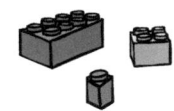

las piezas de lego

канструктар "Лега"

los ladrillos de juguete

канструктар

la figura de acción

экшэн-фігурка

el enterito (de bebé)

дзіцячы гарнітур

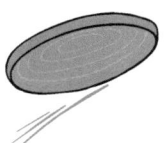

el frisbee

фрызбі

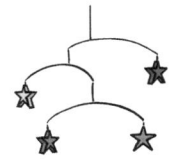

el móvil para bebés

дзіцячы мабіль

el juego de mesa

настольная гульня

los dados

кубік

el tren eléctrico

дзіцячая чыгунка

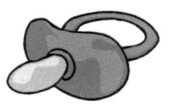

el chupete

пустышка

la fiesta

дзіцячае свята

el libro de cuentos ilustrado

кніга з малюнкамі

la pelota

мячык

la muñeca

лялька

jugar

гуляцца

el arenero

пясочніца

la hamaca

арэлі

los juguetes

цацкі

la consola de videojuegos

гульнявая відэа прыстаўка

el triciclo

трохколавы ровар

el osito de peluche

плюшавы мішка

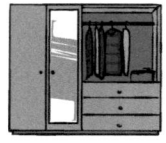

el armario

шафа

la ropa

адзенне

las medias

шкарпэткі

las medias panty

панчохі

las calzas

калготкі

la bufanda
шалік

el paraguas
парасон

la remera
цішотка

el cinturón
рамень

las botas
боты

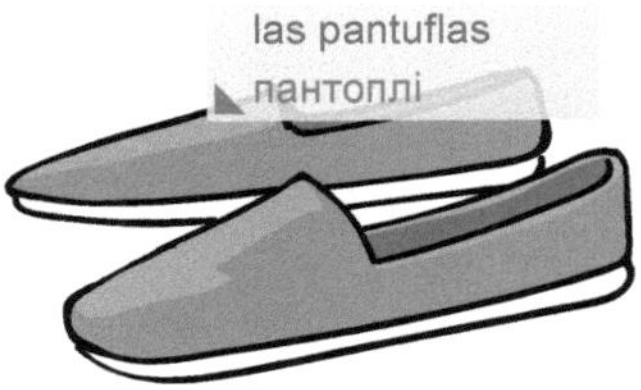

las pantuflas
пантоплі

las zapatillas
красоўкі

las sandalias

сандалі

los zapatos

абутак

las botas de goma

гумовыя боты

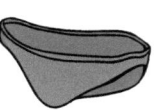

la ropa interior

трусы

el corpiño

бюстгальтар

el chaleco

майка

el body

бодзі

los pantalones

штаны

los jeans

джынсы

la pollera

спадніца

la blusa

блузка

la camisa

кашуля

el pulóver

джэмпер

el buzo

талстоўка

el blazer

блэйзер

la campera

куртка

el tapado

паліто

el piloto

дажджавік

el traje

касцюм

el vestido

сукенка

el vestido de novia

вясельная сукенка

el traje

касцюм

el camisón

начная сарочка

el pijama

піжама

el sari

сары

el pañuelo para la cabeza

хустка

el turbante

цюрбан

la burka

паранджа

el caftán

каптан

la abaya

Абая

el traje de baño

купальнік

el short de baño

плаўкі

los shorts

шорты

el jogging

спартыўны касцюм

el delantal

фартух

los guantes

пальчаткі

el botón

гузік

los anteojos

акуляры

la pulsera

бранзалет

el collar

каралі

el anillo

кальцо

el aro

завушніца

la gorra

кепка

la percha

вешалка

el sombrero

капялюш

la corbata

гальштук

el cierre

маланка

el casco

шлем

los tiradores

падцяжкі

el uniforme escolar

школьная форма

el uniforme

уніформа

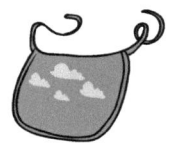

el babero

нагруднік

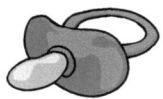

el chupete

пустышка

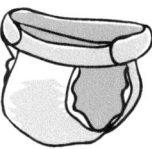

el pañal

падгузнік

la oficina

офіс

el servidor
сервер
el archivero
канцылярская шафа
la impresora
прынтэр
el papel
папера
el monitor
манітор
el mouse
мыш
el escritorio
пісьмовы стол
la carpeta
тэчка
el teclado
клавіятура
el tacho (de basura)
смеццевы кошык
la computadora
кампутар
la silla
крэсла

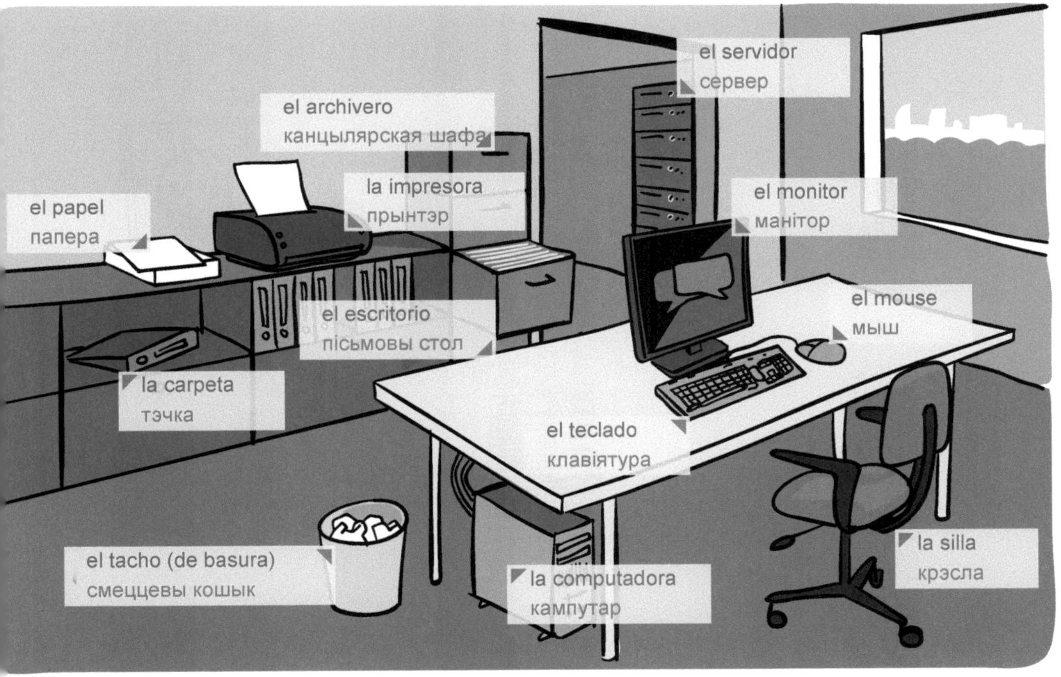

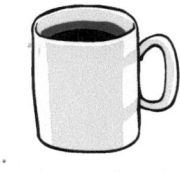

la taza de café

убак для кавы (філіжанка)

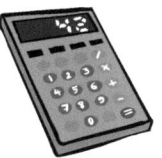

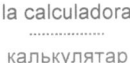

la calculadora

калькулятар

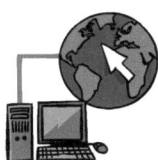

el internet

інтэрнэт

la laptop

ноўтбук

la carta

ліст

el mensaje

паведамленне

el celular

мабільны тэлефон

la red

сетка

la fotocopiadora

ксеракс

el software

праграмнае забеспячэнне

el teléfono

тэлефон

el tomacorriente

разетка

el fax

факс

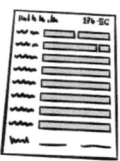

el formulario

фармуляр

el documento

дакумент

comprar

купляць

pagar

плаціць

hacer negocios

гандляваць

el dinero

грошы

el dólar

долар

el euro

еўра

el yen

ена

el rublo

рубель

el franco suizo

франк

el yuan

кітайскі юань

la rupia

рупія

el cajero automático

банкамат

la casa de cambio

абменны пункт

el oro

золата

la plata

срэбра

el petróleo

нафта

la energía

энергія

el precio

цана

el contrato

кантракт

el impuesto

падатак

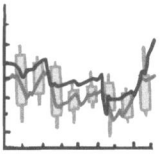

la acción

акцыя

trabajar

працаваць

el empleado

служачы

el empleador

працадаўца

la fábrica

фабрыка

el negocio

крама

las ocupaciones

прафесіі

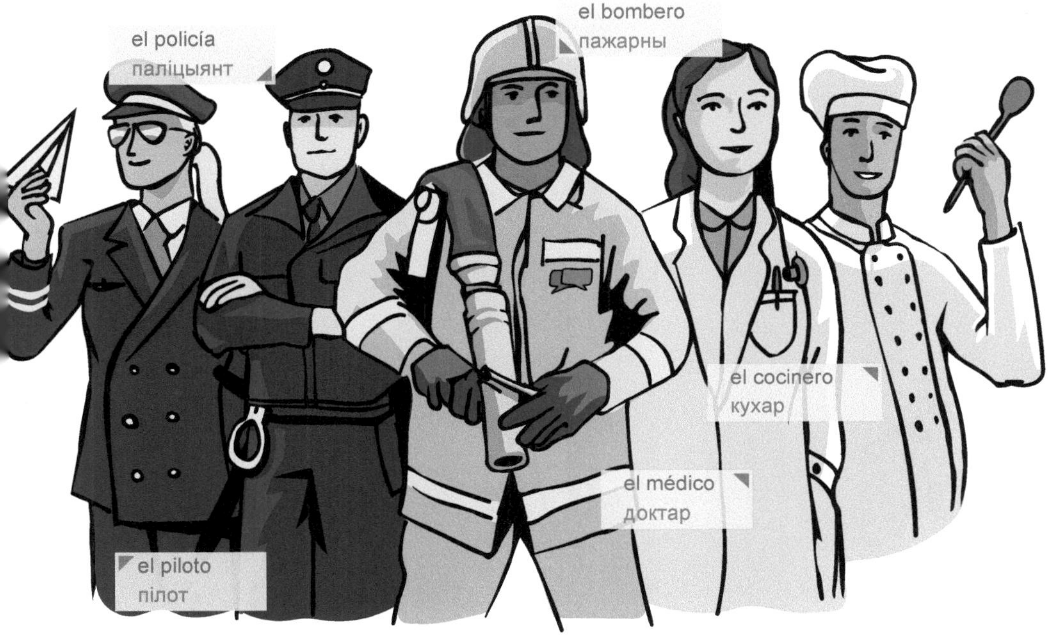

el policía
паліцыянт
el bombero
пажарны
el cocinero
кухар
el médico
доктар
el piloto
пілот

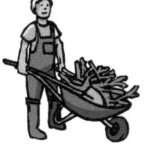

el jardinero

садоўнік

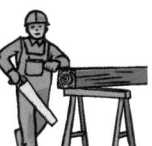

el carpintero

слесар

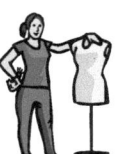

la modista

швачка

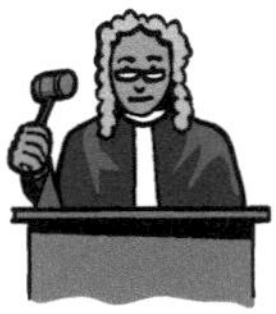

el juez

суддзя

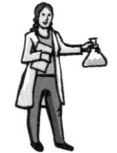

el farmacéutico

хімік

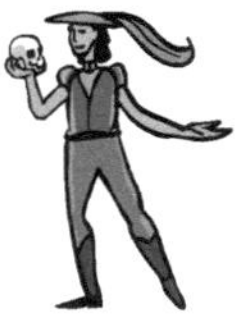

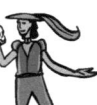

el actor

артыст

el colectivero

кіроўца аўтобуса

el taxista

таксіст

el pescador

рыбак

la mucama

прыбіральшчыца

el techista

страхар

el mozo

афіцыянт

el cazador

паляўнічы

el pintor

мастак

el panadero

пекар

el electricista

электрык

el albañil

будаўнік

el ingeniero

інжынер

el carnicero

мяснік

el plomero

сантэхнік

el cartero

паштальён

el soldado

салдат

el arquitecto

архітэктар

el cajero

касір

el florista

фларыст

el peluquero

цырульнік

el cobrador

кандуктар

el mecánico

механік

el capitán

капітан

el dentista

стаматолаг

el científico

вучоны

el rabino

рабін

el imán

імам

el monje

манах

el sacerdote

святар

las herramientas
інструменты

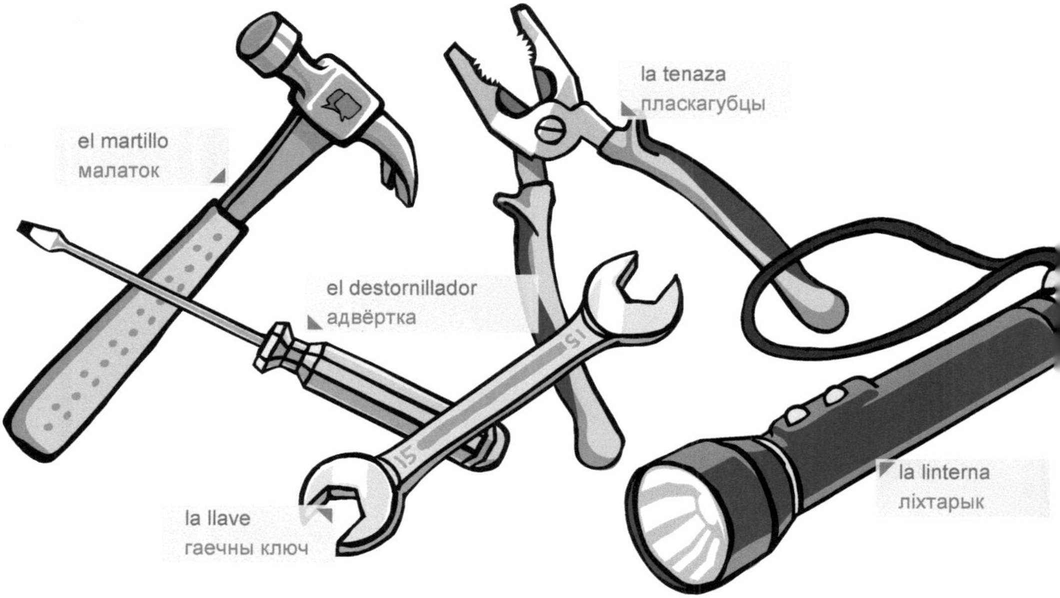

el martillo
малаток
la tenaza
пласкагубцы
el destornillador
адвёртка
la llave
гаечны ключ
la linterna
ліхтарык

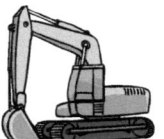

la excavadora

экскаватар

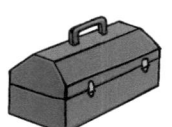

la caja de herramientas

скрыня для інструментаў

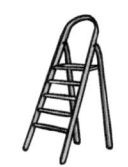

la escalera portátil

дравіны

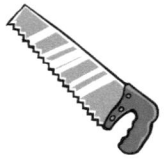

la sierra

піла

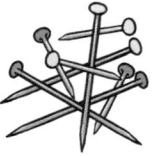

los clavos

цвікі

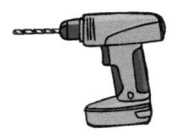

el taladro

дрыль

arreglar

рамантаваць

la pala de jardín

рыдлеўка

¡Qué bronca!

Халера!

la pala de plástico

шуфлік для смецця

el tacho de pintura

вядро з фарбаю

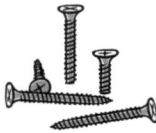

los tornillos

балты

los instrumentos musicales
музычныя інструменты

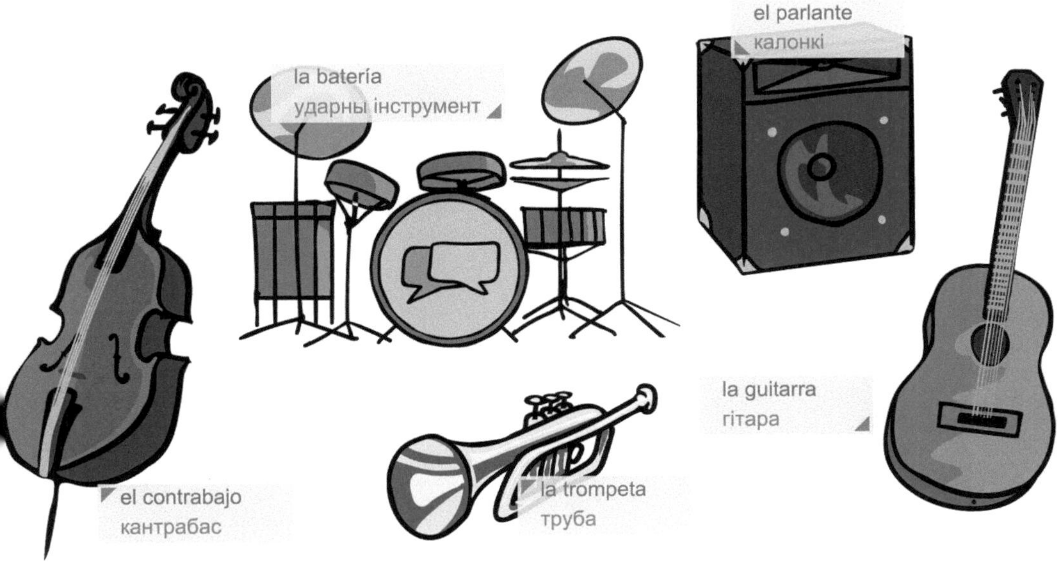

el parlante
калонкі

la batería
ударны інструмент

la guitarra
гітара

el contrabajo
кантрабас

la trompeta
труба

el piano

піяніна

el violín

скрыпка

el bajo

басгітара

los timbales

літаўры

el tambor

барабан

el teclado

клавішны электрамузычны інструмент

el saxofón

саксафон

la flauta

флейта

el micrófono

мікрафон

el zoológico

заапарк

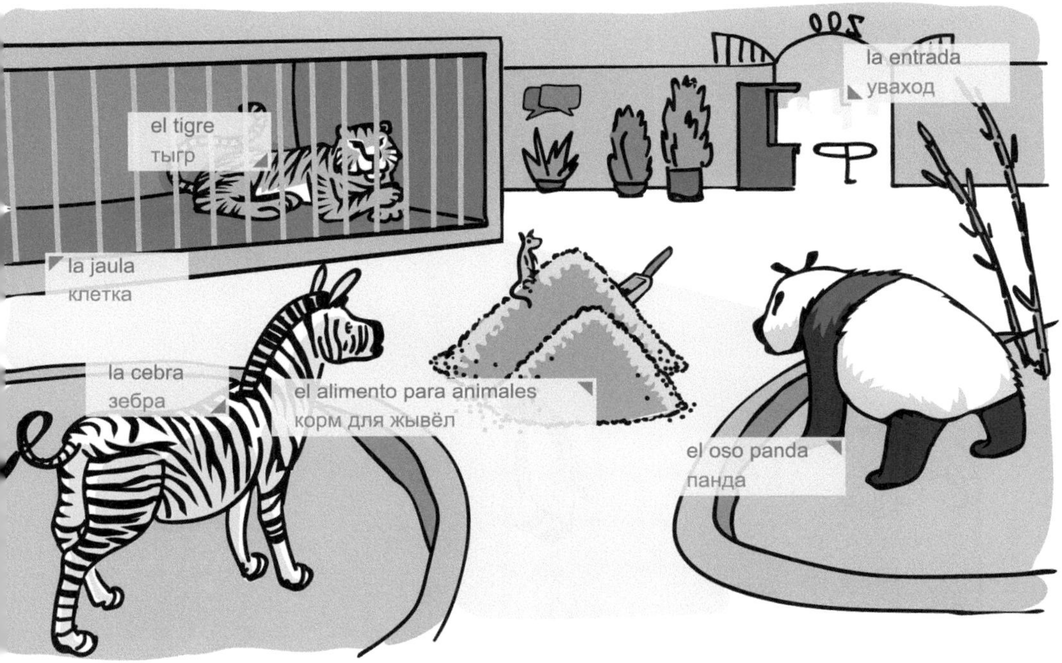
la entrada
уваход
el tigre
тыгр
la jaula
клетка
la cebra
зебра
el alimento para animales
корм для жывёл
el oso panda
панда

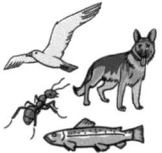

los animales

жывёлы

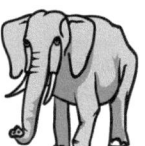

el elefante

слон

el canguro

кенгуру

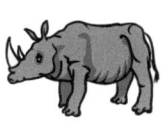

el rinoceronte

насарог

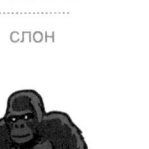

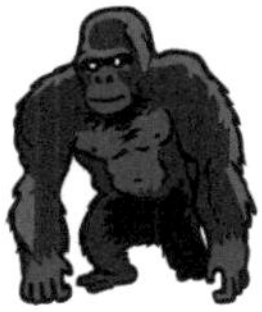

el gorila

гарыла

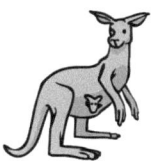

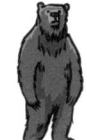

el oso

мядзведзь

el camello

вярблюд

el avestruz

стравус

el león

леў

el mono

малпа

el flamenco

фламінга

el loro

папугай

el oso polar

белы мядзведзь

el pingüino

пінгвін

el tiburón

акула

el pavo real

паўлін

la serpiente

змяя

el cocodrilo

кракадзіл

el cuidador del zoológico

наглядчык заапарка

la foca

цюлень

el jaguar

ягуар

el poni

поні

el leopardo

леапард

el hipopótamo

бегемот

la jirafa

жыраф

el águila

арол

el jabalí

дзік

el pescado

рыбак

la tortuga

чарапаха

la morsa

морж

el zorro

ліса

la gacela

газель

el fútbol americano
амерыканскі футбол

el ciclismo
веласпорт

el tenis
тэніс

el básquet
баскетбол

la natación
плаванне

el boxeo
бокс

el hockey sobre hielo
хакей з шайбай

el fútbol
футбол

el bádminton
бадмінтон

el atletismo
лёгкая атлетыка

el handball
гандбол

el esquí
горныя лыжы

el polo
пола

saltar
скакаць

abrazar
абдымаць

reír
смяяцца

cantar
спяваць

caminar
ісці

rezar
маліцца

besar
цалаваць

soñar
марыць

escribir
пісаць

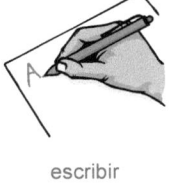

dibujar
маляваць

mostrar
паказваць

presionar
націснуць

dar
даваць

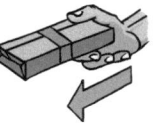

tomar
браць

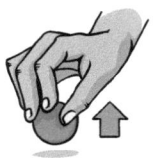

tener

маць

hacer

выконваць

ser

быць

estar parado

стаяць

correr

бегчы

tirar

цягнуць

tirar

кідаць

caer

падаць

estar acostado

ляжаць

esperar

чакаць

llevar

насіць

estar sentado

сядзець

vestirse

апранацца

dormir

спаць

despertar

прачынацца

mirar

глядзець

llorar

плакаць

acariciar

лашчыць

peinar

прычэсвацца

hablar

гаварыць

entender

разумець

preguntar

пытаць

escuchar

чуць

beber

піць

comer

есці

ordenar

прыбіраць

amar

кахаць

cocinar

гатаваць

manejar

ехаць

volar

лятаць

navegar

плаваць пад ветразем

calcular

лічыць

leer

чытаць

aprender

вучыць

trabajar

працаваць

casarse

уступаць у шлюб

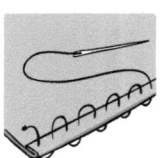

coser

шыць

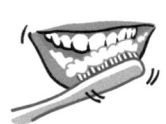

cepillarse los dientes

чысціць зубы

matar

забіваць

fumar

курыць

enviar

пасылаць

la familia

сям'я

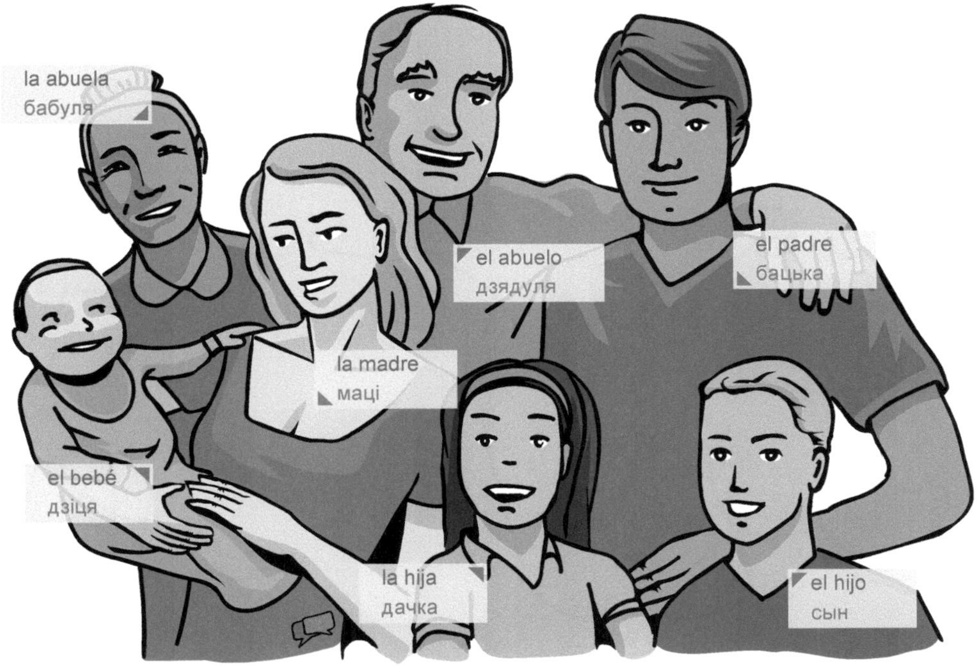

la abuela
бабуля
el abuelo
дзядуля
el padre
бацька
la madre
маці
el bebé
дзіця
la hija
дачка
el hijo
сын

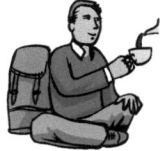

el invitado
....
госць

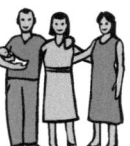

la tía
....
цётка

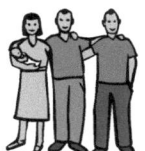

el tío
....
дзядзька

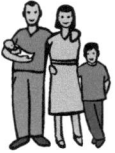

el hermano
....
брат

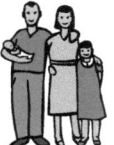

la hermana
....
сястра

el cuerpo

цела

la frente
лоб
el ojo
вока
el hombro
плячо
el dedo
палец
la cara
твар
la pera
падбародак
la mano
рука
la pierna
нага
el pecho
грудзі
el brazo
рука

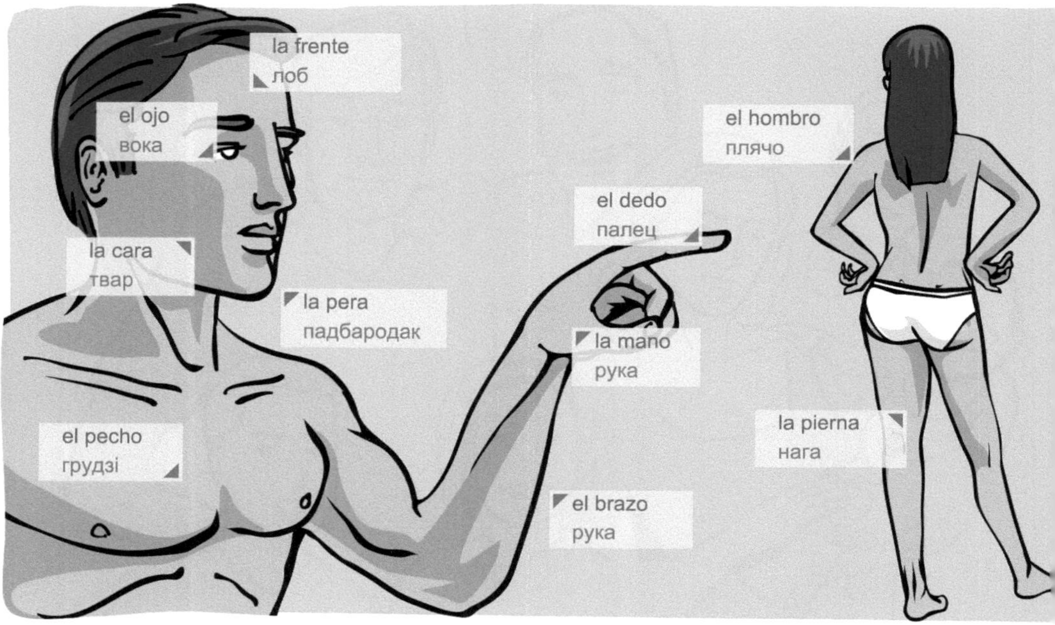

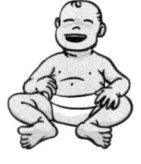

el bebé
дзіця

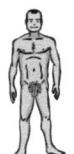

el hombre
мужчына

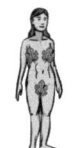

la mujer
жанчына

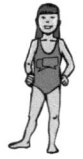

la nena
дзяўчынка

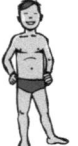

el nene
хлопчык

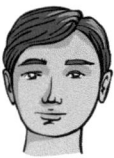

la cabeza
галава

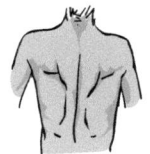

la espalda

спіна

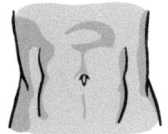

la panza

жывот

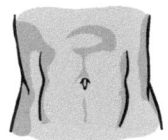

el ombligo

пуп

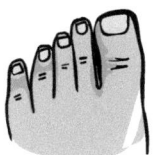

el dedo del pie

палец нагі

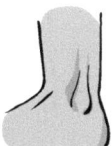

el talón

пятка

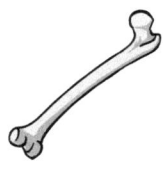

el hueso

костка

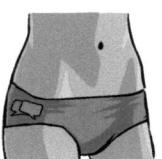

la cadera

бядро

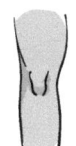

la rodilla

калена

el codo

локаць

la nariz

нос

la cola

ягадзіца

la piel

скура

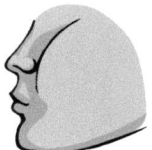

el cachete

шчака

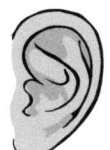

la oreja

вуха

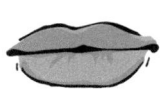

el labio

губа

el cuerpo - цела

la boca

рот

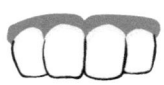

el diente

зуб

la lengua

язык

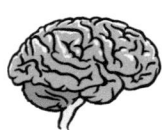

el cerebro

галаўны мозг

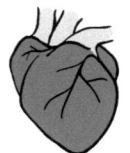

el corazón

сэрца

el músculo

мышца

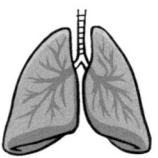

el pulmón

лёгкае

el hígado

пячонка

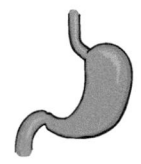

el estómago

страўнік

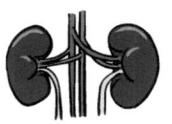

los riñones

ныркі

el sexo

сэкс

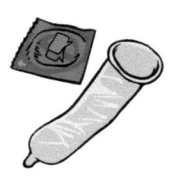

el preservativo

прэзерватыў

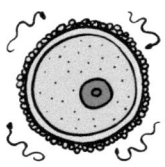

el óvulo

яйцаклетка

el semen

сперма

el embarazo

цяжарнасць

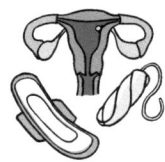

la menstruación

менструацыя

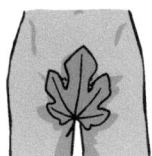

la vagina

похва

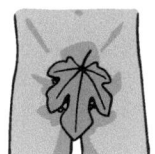

el pene

пеніс

la ceja

брыво

el pelo

валасы

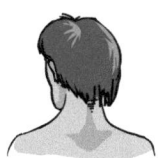

el cuello

шыя

el hospital

шпіталь

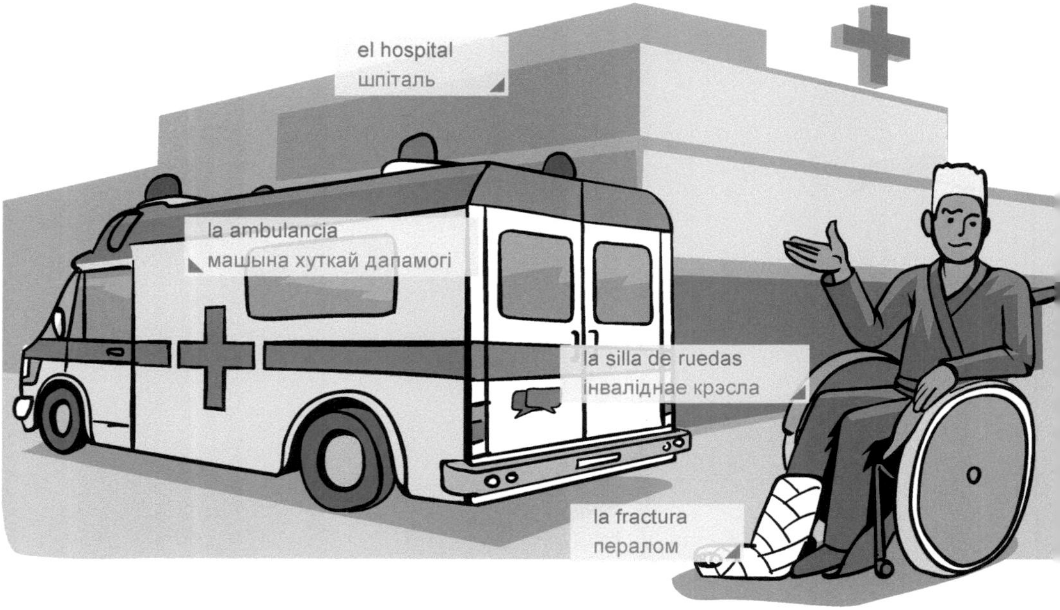

el hospital
шпіталь
la ambulancia
машына хуткай дапамогі
la silla de ruedas
інваліднае крэсла
la fractura
пералом

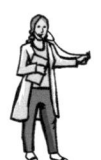

el médico

доктар

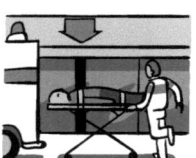

la sala de guardia

аддзяленне першай дапамогі

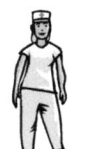

la enfermera

медсястра

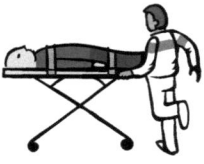

la emergencia

экстраная дапамога

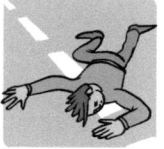

inconsciente

непрытомны

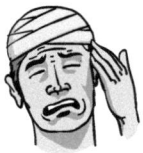

el dolor

боль

la lesión

траўма

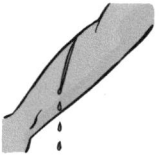

la hemorragia

крывацёк

el infarto

інфаркт

el ACV

апаплексія

la alergia

алергія

la tos

кашаль

la fiebre

гарачка

la gripe

грып

la diarrea

панос

el dolor de cabeza

галаўны боль

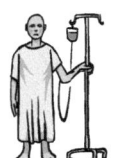

el cáncer

рак

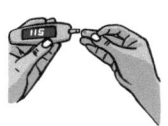

la diabetes

дыябет

el cirujano

хірург

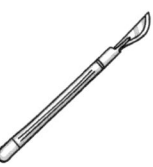

el bisturí

скальпель

la operación

аперацыя

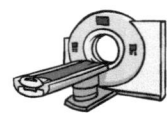

la TC

КТ

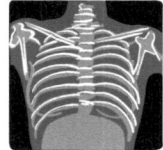

los rayos x

рэнтген

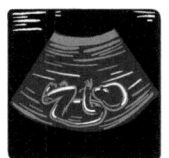

la ecografía

ультрагук

el barbijo

маска

la enfermedad

хвароба

la sala de espera

пачакальня

la muleta

мыліца

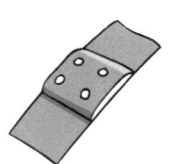

la curita

пластыр

la venda

бінт

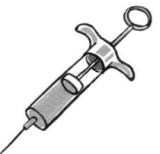

la inyección

ін'екцыя

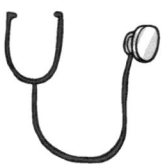

el estetoscopio

стэтаскоп

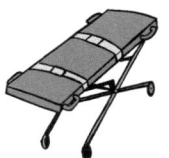

la camilla

насілкі

el termómetro

градуснік

el nacimiento

нараджэнне

el sobrepeso

лішняя вага

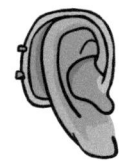

el audífono

слухавы апарат

el desinfectante

дэзінфекцыйны сродак

la infección

інфекцыя

el virus

вірус

el VIH / SIDA

ВІЧ/СНІД

el remedio

лекі

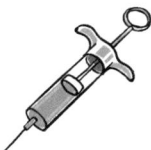

la vacunación

прышчэпка

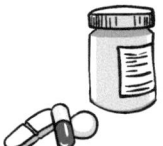

los comprimidos

таблеткі

la pastilla anticonceptiva

супрацьзачаткавая
таблетка

la llamada de emergencia

экстраны выклік

el tensiómetro

танометр

enfermo / sano

хворы / здаровы

¡Ayuda!

Ратуйце!

la alarma

сігналізацыя

la agresión

напад

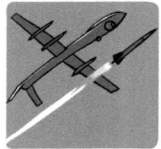

el ataque

атака

el peligro

небяспека

la salida de emergencia

аварыйны выхад

¡Fuego!

Пажар!

el matafuego

вогнетушыцель

el accidente

аварыя

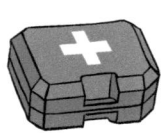

el botiquín de primeros auxilios

аптэчка

el SOS

СОС

la policía

паліцыя

Europa

Еўропа

América del Norte

Паўночная Амерыка

América del Sur

Паўднёвая Амерыка

África

Афрыка

Asia

Азія

Australia

Аўстралія

el Atlántico

Атлантычны акіян

el Pacífico

Ціхі акіян

el Océano Índico

Індыйскі акіян

el Océano Antártico

Паўднёвы ледавіты акіян

el Océano Ártico

Паўночны ледавіты акіян

el polo norte

Паўночны полюс

el polo sur

Паўднёвы полюс

la Antártida

Антарктыда

la Tierra

Зямля

la tierra

краіна

el mar

мора

la isla

востраў

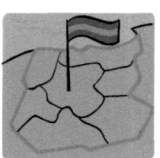

la nación

нацыя

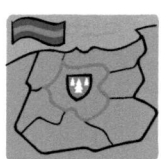

el estado

дзяржава

la esfera

цыферблат

la manecilla de las horas

гадзінная стрэлка

el minutero

хвілінная стрэлка

el segundero

секундная стрэлка

¿Qué hora es?

Колькі часу?

el día

дзень

la hora

час

ahora

зараз

el reloj digital

электронны гадзіннік

el minuto

хвіліна

la hora

гадзіна

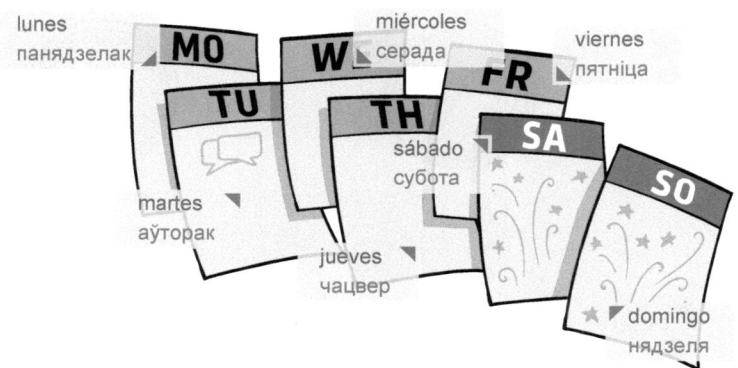

lunes
панядзелак

miércoles
серада

viernes
пятніца

sábado
субота

martes
аўторак

jueves
чацвер

domingo
нядзеля

ayer

ўчора

hoy

сёння

mañana

заўтра

la mañana

раніца

el mediodía

абед

la tarde

вечар

los días hábiles

працоўныя дні

el fin de semana

выхадныя

la lluvia
дождж

el arco iris
вясёлка

la nieve
снег

el viento
вецер

la primavera
вясна

el otoño
восень

el verano
лета

el invierno
зіма

4.APRIL	11°	☀
5.APRIL	4°	
6.APRIL	13°	
7.APRIL	8°	❄
8.APRIL	10°	☀

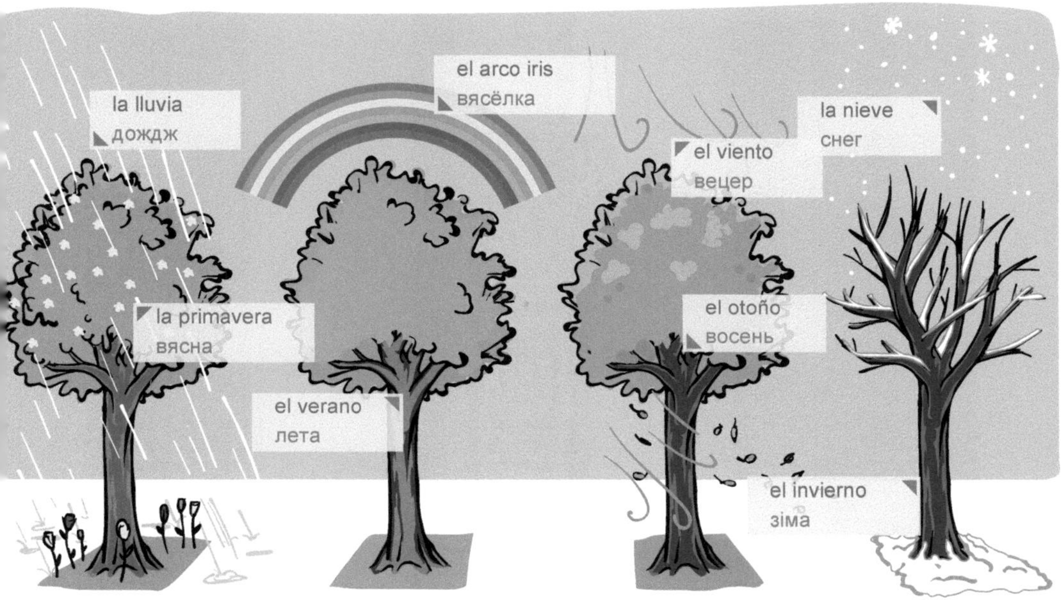

el pronóstico meteorológico

прагноз надвор'я

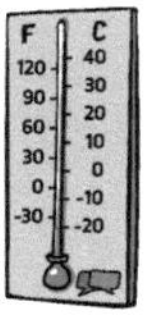

el termómetro

градуснік

la luz del sol

сонечнае святло

la nube

воблака

la niebla

туман

la humedad

вільготнасць паветра

el rayo

маланка

el trueno

гром

la tormenta

бура

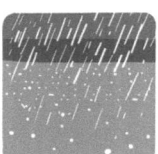

el granizo

град

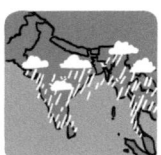

el monzón

мусонны вецер

la inundación

прыліў

el hielo

лёд

enero

студзень

febrero

люты

marzo

сакавік

abril

красавік

mayo

май

junio

чэрвень

julio

ліпень

agosto

жнівень

septiembre

верасень

octubre

кастрычнік

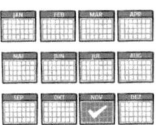

noviembre

лістапад

diciembre

снежань

las formas

формы

el círculo

круг

el cuadrado

квадрат

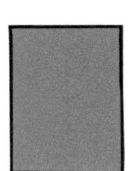

el rectángulo

прамавугольнік

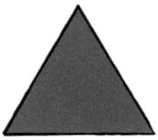

el triángulo

трохвугольнік

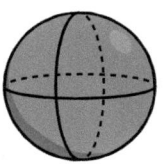

la esfera

шар

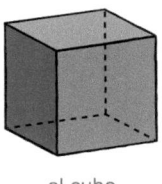

el cubo

куб

blanco

белы

amarillo

жоўты

naranja

аранжавы

rosa

ружовы

rojo

чырвоны

violeta

фіялетавы

azul

сіні

verde

зялёны

marrón

карычневы

gris

шэры

negro

чорны

mucho / poco

шмат / мала

enojado / tranquilo

злы / добры

lindo / feo

прыгожы / брыдкі

el principio / el fin

пачатак / канец

grande / chico

высокі / малы

claro / oscuro

светлы / цёмны

el hermano / la hermana

сястра / брат

limpio / sucio

чысты / брудны

completo / incompleto

поўны / няпоўны

el día / la noche

дзень / ноч

muerto / vivo

мёртвы / жывы

ancho / angosto

шырокі / вузкі

comestible / no comestible

ядомы / неядомы

malo / amable

злы / добры

entusiasmado / aburrido

узбуджаны / нудны

gordo / flaco

тоўсты / тонкі

primero / último

першы / апошні

el amigo / el enemigo

сябар / вораг

lleno / vacío

поўны / пусты

duro / blando

цвёрды / мяккі

pesado / liviano

важкі / лёгкі

el hambre / la sed

голад / смага

enfermo / sano

хворы / здаровы

ilegal / legal

нелегальны / легальны

inteligente / estúpido

разумны / дурны

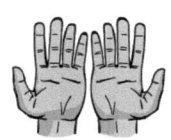

izquierda / derecha

левы / правы

cerca / lejos

побач / далёка

los opuestos - супрацьлегласці

nuevo / usado

новы / былы ва ўжыванні

nada / algo

нічога / нешта

viejo / joven

стары / малады

encendido / apagado

укл / выкл

abierto / cerrado

адчынены / зачынены

silencioso / ruidoso

ціхі / гучны

rico / pobre

багаты / бедны

correcto / incorrecto

правільна / няправільна

áspero / suave

шурпаты / гладкі

triste / contento

сумны / шчаслівы

corto / largo

кароткі / доўгі

lento / rápido

павольны / хуткі

mojado / seco

вільготны / сухі

caliente / frío

цёплы / халаднаваты

guerra / paz

вайна / мір

0

cero

нуль

1

uno

адзін

2

dos

два

3

tres

тры

4

cuatro

чатыры

5

cinco

пяць

6

seis

шэсць

7

siete

сем

8

ocho

восем

9

nueve

дзевяць

10

diez

дзесяць

11

once

адзінаццаць

12

doce

дванаццаць

13

trece

трынаццаць

14

catorce

чатырнаццаць

15

quince

пятнаццаць

16

dieciséis

шаснаццаць

17

diecisiete

сямнаццаць

18

dieciocho

васямнаццаць

19

diecinueve

дзевятнаццаць

20

veinte

дваццаць

100

cien

сто

1.000

mil

тысяча

1.000.000

el millón

мільён

los números - лічбы

el inglés

англійская

el inglés americano

англійская (Амерыка)

el chino mandarín

кітайская мандарынская

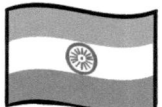

el hindi

хіндзі

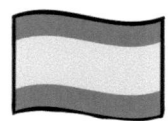

el español

іспанская

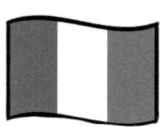

el francés

французская

el árabe

арабская

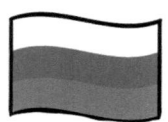

el ruso

руская

el portugués

партугальская

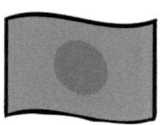

el bengalí

бенгальская

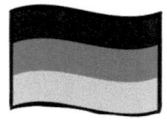

el alemán

нямецкая

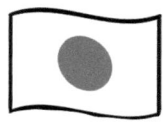

el japonés

японская

yo

я

vos

ты

él / ella

ён / яна / яно

nosotros

мы

ustedes

вы

ellos

яны

¿quién?

хто?

¿qué?

што?

¿cómo?

як?

¿dónde?

дзе?

¿cuándo?

калі?

el nombre

імя

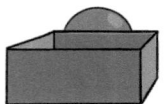

detrás

за

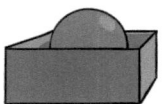

en

у

adelante de

перад

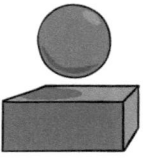

por encima de

над

sobre

на

debajo de

пад

al lado de

каля

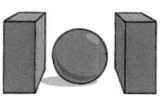

entre

паміж

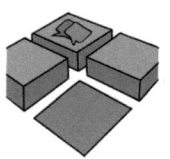

el lugar

месца